मुझे तुमसे मोहब्बत हो गई है

साजन

notionpress
.com

INDIA • SINGAPORE • MALAYSIA

ISBN 979-8-90231-509-4

कविता

मेरे गीत

मेरे लिए कुछ बचा नहीं

जो भी लिखना था **कबीर** लिख गए
बाक़ी बचा दुनिया का पीर वो **मीर** लिख गए
रह गया था थोड़ा जो **ग़ालिब** ने छोड़ा नहीं
अब मैं क्या लिखूँ मेरे लिये कुछ बचा नहीं
मोहब्बत की दुनिया में **कुमार** का नाम है
हिज्र का ग़म भुलाना **राहत** का काम है
शेर सुनकर दाद दो तुम बस यही **काफ़ी** नहीं
अब मैं क्या लिखूँ मेरे लिए कुछ बचा नहीं
फ़राज़ भी लिखते हैं **फ़िराक़** भी दास्तान
गुल गुलशन गुलज़ार है दिलों का मेहमान
दिल कहे दर्द लिख साजन वो मीरा ने छोड़ा नहीं
अब मैं क्या लिखूँ मेरे लिए कुछ बचा नहीं

प्रेम के उन साधकों को समर्पित जिन्होंने सिखाया कि मिलन क्षणिक हो सकता है पर प्रतीक्षा अनंत होती है।

जिनकी ग़ज़लों ने मेरे दिल को रोना सिखाया और कविताओं ने विरह को भी एक सुंदर सत्य बना दिया उन्हीं को यह मेरी पहली अंजलि।

क्यों लिखूँ मैं कविताएँ, जब तू मेरी कहानी है
दिल की यह बात केवल, अब जुबाँ पर आनी है ।
इन पंक्तियों से शुरू हुआ मेरा कविताओं का सफ़र कैसे
तुमसे शुरू नहीं तो क्या ख़त्म तुमसे ही होगी
मेरे मोहब्बत के पन्नों में तू अंतिम कविता होगी । ।
तक पहुँच गया कुछ पता ही नहीं चला ।

मैंने इन कविताओं में कुछ भी छाँटा नहीं है जैसा मेरे दिल में आया वैसा लिखा और वैसा ही आपके सामने प्रस्तुत किया है ।

ये कविताएँ शायद आपको भी अपने करीब महसूस होंगी और शायद आपको लगेगा कि यही तो मैं लिखना चाहता था उसके लिए, लगेगा कि यही तो मैं उससे कहना चाहता था, तो कोई बात नहीं, बेझिझक आप इन कविताओं को अपना मानकर, उसे भेज दीजिए, जिससे आप ऐसा कुछ कहना चाहते थे या जिसके लिए, आप ऐसा कुछ लिखना चाहते थे।

सप्रेम

साजन

Mail ID: sajankikalamse@gmail.com

Mob: 9826303723

1.

मुझे तुमसे मोहब्बत हो गई है

मुझे तुमसे मोहब्बत हो गई है
तेरी ज़ुल्फ़ों की आदत हो गई है
सदा तुमको ही हर पल ढूँढता हूँ
मुझे तेरी ज़रूरत हो गई है
कभी आओ कभी तो पास बैठो
तुम्हें पाने की चाहत हो गई है
समझती क्यों नहीं तुम मुझको अपना
मुझे खोने का तुमको डर नहीं है
सुना है चाहते हो तुम किसी को
कभी मुझसे भी चाहत क्या हुई है
तेरी बस्ती में आया था मैं उस दिन
सुना था तू कहीं और जा रही है
मेरी बाहों में सोयी थी तू एक दिन
तेरी यादों में अब वो दिन नहीं है
तुझे भूलूँ तुझे मैं याद रख लूँ
मेरे दिल पे मेरा अब बस नहीं है
तुझे पाया नहीं तो क्या गिला है
तुझे खोने का मुझको हक़ नहीं है
तुझे खोने का मुझको हक़ नहीं है

2.

बदलते दौर की कथा लिख रहा हूँ

बदलते दौर की कथा लिख रहा हूँ
आज मैं फिर अपनी व्यथा लिख रहा हूँ
क्यों समझता रहा हर किसी को मैं अपना रक़ीब
आज मैं बस यही दास्ताँ लिख रहा हूँ
यूँ तो कई आये मेरी गिरेबान में झांकने वाले
किसे क्या मिला शानदार लिख रहा हूँ
झड़ गये थे जो मेरे दरख़्तों के पत्ते
क्यों उन्हें सँवारा बार बार लिख रहा हूँ
और वक्त बदला जो कभी, मैं भी तो तुझे पूछूँगा
क्या दे पाओगे जवाब वो सवाल लिख रहा हूँ
क्या दे पाओगे जवाब वो सवाल लिख रहा हूँ ।।

- **रकीब** एक अरबी मूल का शब्द है जिसके हिंदी में कई अर्थ हैं जिनमें मुख्य रूप से प्रतिद्वंद्वी खासकर प्रेम के क्षेत्र में ; जैसे प्रेमिका का दूसरा प्रेमी या निगरानीकर्ता रखवाला होता है और इसे उर्दू शायरी में अक्सर प्रेमिका के दूसरे प्रेमी के संदर्भ में प्रयोग किया जाता है।
- **दरख्तों** का हिंदी अर्थ पेड़ों या वृक्षों होता है यह एक फ़ारसी शब्द है जिसे हिंदी में इस्तेमाल किया जाता है और यह अक्सर बड़े या विशाल वृक्षों के लिए उपयोग होता है।

3.

पता है तुझे मैं क्या चाहता हूँ

पता है तुझे मैं क्या चाहता हूँ
किसी के दिल में रहना चाहता हूँ
कोई तो हो अपना कहने वाला
किसी की बाँह थामना चाहता हूँ
पता है तुझे मैं क्या चाहता हूँ
है गगन में आज फिर सूरज अकेला
मैं अगन सा क्यों दहकना चाहता हूँ
शाम ढलते ही देखो आसमाँ में तारे चमके
बात चंदा की कहना चाहता हूँ
पता है तुझे मैं क्या चाहता हूँ
किसी के दिल में रहना चाहता हूँ
कोई तो हो अपना कहने वाला
किसी की बाँह थामना चाहता हूँ ।।

4.

याद है वो पहला दिन

उसने पूछा मुझसे
कि याद है वो पहला दिन
जब साथ चलने के लिए मिले थे हम
वो दिन ।
हाथों मे उसका हाथ लेकर
मैने भी कहा था उसका नाम लेकर
जब मिले थे
हम थे अंजाने से
कुछ शर्माती हुई सी तुम
और सकुचाता हुआ सा मैं
जाना कहाँ था
और कहाँ आ गए थे
न तुम जानती थी
न मुझको पता था
फिर भी वो पहली मुलाकात
भूलकर भी नही भूलती
तुम्हारी सादगी तुम्हारा साथ
क्या कहूँ मेरे यार
तुम ही तुम मेरे मन में समा गए
मैने कुछ कहा नही
पर तुम तुम्हारी आँखों से सब बता गये ।।

5.

इस कदर न खूबसूरत लगो

इस कदर न खूबसूरत लगो
कि मेरी नज़र ही न लग जाये
दीवाना तो ये दिल पहले ही था
कहीं पागल न हो जाये ।।

6.

कहीं तो लगी होगी आग

कहीं तो लगी होगी आग
कहीं तो कोई जला भी होगा
चाहे जितना दर्द छुपा ले
दिल के दाग दिखा ही देगा
कैसे हुई मोहब्बत तुमसे
कैसे तुमसे इश्क़ हुआ
वफ़ा हमारी कुबूल हुई है
तेरा प्यार जता ही देगा
प्यार मोहब्बत इश्क़ वफ़ा सब
महकी हुई फ़िज़ा सा है
तुम लाख छुपा लो अपना साजन
अश्क़ ए मोहब्बत बता ही देगा ।।

- **अश्क़ ए मोहब्बत** का मतलब है प्रेम के आँसू और यह सच्चे प्यार की गहराई दर्द और जुनून को दर्शाता है जिसमें आँखों से बहने वाले आँसू सिर्फ़ दुख नहीं बल्कि प्रेम की अनुभूति का प्रतीक बन जाते हैं ।

7.

सोचता था भूल जाऊँ

सोचता था भूल जाऊँ
वादे वफा जो किये हमने
फिर जो उसकी तस्वीर देखी
सोचना ही भूल बैठा
वो जो मेरे पास आये
बस यही था याद मुझको
करूँ सदका याद था
पर मैं खुदा को भूल बैठा ।।

8.

मुकम्मल मेरी ज़िंदगी

मुकम्मल मेरी ज़िंदगी
तुमसे ही हुई
यूँ ही नही इस राह में
हम चले आये
कोशिशें तो बहुत की
तेरी महफ़िलों से खुद को बचाने की
मगर दिल कह उठा
और हम चले आये
तारीफ में तेरे
मैं क्या, क्या ही कह दूँ
पर ज़ुबाँ खामोश थी
तो हम चले आये
चाहता था संग तेरा
मैं तो उम्र भर
पर जो तू न दिखा साजन
तो हम चले आये ।।

9.

मौसम ये प्यार का

मौसम ये प्यार का
मेरे इज़हार का
जाने क्यूँ बन गया
तेरे इंतेज़ार का
मौसम एतबार का
ख़ुशियों की सौगात का
फ़िज़ा पर फिर छा गया
रंगत ये प्यार का
होठों पर मुस्कान का
दिलों में एहसास का
लो फिर यह आ गया
मौसम ये प्यार का
मौसम ये प्यार का
मेरे इज़हार का
जाने क्यूँ बन गया
तेरे इंतेज़ार का

10.

हाँ वो रखती है

वो भले मेरा हाल पूछे न पूछे
पर मेरे स्टेटस पर नज़र पूरा रखती है
वो तो मेरी जान है यारों
मेरे दिल की खबर हर पल मे रखती है
हाँ आज अगर दूरियाँ हैं दरमियाँ तो क्या
रोशन वो चिरागे हर सफर रखती है
और क्या हुआ जो मेरा ये दिल चीर दिया
वो सिलने का हुनर भी बेहतरीन रखती है
और कहते हैं
गूंथने से कब बंधी है प्यार की माला
टूटने पर हर एक मोती वो साथ रखती है
जानता हूँ उसे शौक तो है किस्से कहानियों का
पर जाने क्यूँ मेरी कविताओं पे
वो पहली नज़र रखती है ।।

11.

तेरी आँखो में ये जो नमी सी है

तेरी आँखो में ये जो नमी सी है
शायद वो कहीं मेरी कमी सी है
बहते दरिया में जो तूने रुकना चाहा
हाँ ज़िंदगी भी ये कुछ मतलबी सी है
जब से पाया है तुझे, मैने अपने खयालों की तरह
लगता है ये मंज़र, मुझे इतना हँसी क्यों है
वादे वफा न किये, कुछ भी तो न कसमें खायीं
फिर भी लगता है कि, ये उम्र है बस उसी के लिए
जब भी तेरी यादों के दरख्तों को, हिला कर देखा
हर तरफ महकी हुई सी ये फ़िज़ा क्यों है
तेरी आँखो में ये जो नमी सी है
शायद वो कहीं मेरी कमी सी है
बहते दरिया मे जो तूने रुकना चाहा
हाँ ज़िंदगी भी ये कुछ मतलबी सी है ।।

- **मंज़र** का अर्थ मुख्य रूप से दृश्य नज़ारा परिदृश्य होता है ।।

12.

मैं कृष्ण नहीं तू राधा नहीं

मैं कृष्ण नहीं
तू राधा नहीं
इस जन्म में होना ये मिलन
संभव भी नहीं
फिर भी बिना तेरे
जीवन का सफर
मुमकिन भी नहीं ।।

13.

मैं कहूँ तुम कहो

मैं कहूँ
तुम कहो
हम तुम कहें
जो कभी सुना नहीं
चलो कुछ ऐसा कहें
सोचता हूँ क्या कहूँ तुमसे ऐसा
जो कभी कहा नहीं किसी ने कुछ ऐसा
या फिर तुम कहो सिर्फ मुझसे
जो चाहता हूँ मैं सुनूँ सिर्फ तुमसे
हाँ मुझे मोहब्बत है
हाँ मुझे मोहब्बत है
यह जो कह न सके
हम कभी एक दूजे से ।।

14.

मोहब्बत कि राहों में

मोहब्बत कि राहों में चलने से पहले
चले जा रहे थे
चले जा रहे थे
न मंज़िल थी कोई ना ही पता था
चले जा रहे थे
चले जा रहे थे
किसी मोड पर वो मुझको मिली थी
तभी उसने मुझको आवाज़ दी थी
कैसा समा था वो क्या ही अदा थी
चलोगे क्या संग तुम
कुछ ऐसा कहा था
वादे वफा की न हमको खबर थी
मगर फिर भी उसमें कुछ तो नशा था
कुछ तो नया था
हाँ कुछ तो मज़ा था
वो दीवानगी भी हाँ कुछ तो जुदा थी
परियों सी थी वो
हाँ कुछ तो अलग थी
मगर जैसी भी थी
वो बस मेरी थी

चले फिर जो थे हम उन्हीं रास्तों पर
वो राहें भी अब तो लगती हसीं थीं
मोहब्बत कि राहों पे चलके जो देखा
चले जा रहे थे चले जा रहे थे
ना मंज़िल थी कोई ना ही पता था
चले जा रहे थे चले जा रहे थे

15.

सुनो कहना चाहता हूँ तुमसे

सुनो कहना चाहता हूँ तुमसे
एक दिल की बात
क्या चलोगे मेरे साथ
लेके हाथों में अपना हाथ
फिर उन्हीं बग़ीचों में
सुरमई शामों में
चले थे हम संग जहाँ
फिर वहीं एक बार फिर से
क्या याद नहीं आते वो दिन
जो सजाए थे हमने लम्हे बीन बीन
कैसे भूल पाओगे उन रातों को
जो बिताई थीं हमने सितारे गिन गिन
मोहब्बत की उन्हीं राहों पर
मुझे फिर चलना है
हर पल मेरे साथ तुम रहो
बस यही कहना है
छोड़ के मेरा हाथ सनम
जो तुम चले जाओगे
शायद फिर इस राह पर तो क्या
दुनिया में हमें न पाओगे

16.

क्यों चुप हूँ मैं

क्यों चुप हूँ मैं
या हैं मेरे लब ख़ामोश
मेरे लबों को तेरे लबों का एहसास चाहिए
हाँ इन ख़ामोशियों को भी तेरा प्यार चाहिए
चाह कर भी तुम मुझसे कह नहीं सकती
क्या तुम्हें भी बस मेरा इंतज़ार चाहिए
इन ख़ामोशियों को भी तेरा प्यार चाहिए
चाहता हूँ मैं तुझे ये तो शायद होगा यक़ीन
फिर किस बात का तुझे इज़हार चाहिए
इन ख़ामोशियों को भी तेरा प्यार चाहिए
देख मेरी आँखों में बस तेरा अक्स होगा
फिर क्यों मेरी हर बात का विश्वास चाहिए
इन ख़ामोशियों को भी तेरा प्यार चाहिए ।।

- **अक्स** का मुख्य अर्थ परछाई प्रतिबिंब या साया होता है ।

17.

इतनी सी इल्तज़ा

जिस तरह तुमने हमें नर नारी बनाया है
मुझे साजन उसे मेरी सजनी बनाया है
इसी तरह कभी हमें तुम फिर बनाओ तो
बस इतनी सी इल्तज़ा है
अगर मुझे बनाओ सूरज
उसे रोशनी बनाना
मुझे तुम चाँद बनाओ
उसे चाँदनी बनाना
कभी मुझे तुम साज़ बनाओ
आवाज़ उसे बनाना
फूल अगर मैं बनूँगा
सुगंध उसे बनाना
तुम हमें कुछ भी बना दो
कभी जुदा मत करना
मुझे बना दो मिट्टी का दीपक
उसे दीपाली बनाना ।।

18.

एक वादा करो मुझसे

एक वादा करो मुझसे
कि छोड़ के न जाओगे
सदा मेरे संग रहकर
मेरा साथ निभाओगे
एक और वादा करो
कि यूँ ही रहोगे हर पल मेरे
मौसम भले पतझड़ का हो
तुम सदा मुस्कुराओगे
एक वादा ऎसा भी
कि नहीं भूलोगे कभी
कहीं जो मै ना रहुँ
मुझे यादों मे संवारोगे ।।

19.

छूट न जाए हाथ तेरा

छूट न जाए हाथ तेरा
मेरे हाथ से डरता हूँ
यार जाने क्यों मैं
तेरी हर बात से डरता हूँ
जानता हूँ तू ख़्वाब नहीं
मुक़द्दर है मेरा
फिर क्यों मैं हर राह में
बिछड़ जाने से डरता हूँ ।।

20.

मैं तेरी चौखट पे आके

मैं तेरी चौखट पे आके मर जाऊँ तो भी क्या
बंद होती आँखों में तेरी तस्वीर होनी चाहिए
इश्क़ मेरा मौत मेरी और मैं चाहूँ तो क्या
बस मेरी मिट्टी पे तेरा हाथ होना चाहिए

21.

मतला लिखूँ मिसरा लिखूँ मख्ता लिखूँ

मतला लिखूँ मिसरा लिखूँ मख्ता लिखूँ
मेरी हर नज़्म में सिर्फ़ तेरा कलाम लिखूँ
मेरी क़लम से भी आये तेरी ही ख़ुशबू
मैं जब भी लिखूँ सिर्फ़ तेरा शृंगार लिखूँ
ज़िंदगी की हर बज़्म में बस तेरा दीदार लिखूँ
क्या दिन क्या रात हर पल तेरा इंतज़ार लिखूँ
नैन नक़्श तेरे ज़ुल्फ़ों को मैं अपनी सौग़ात लिखूँ
तेरे रूप को माया लिखूँ या उसका अवतार लिखूँ
मतला लिखूँ मिसरा लिखूँ मख्ता लिखूँ
मेरी हर नज़्म में सिर्फ़ तेरा कलाम लिखूँ
मेरी क़लम से भी आये तेरी ही ख़ुशबू
मैं जब भी लिखूँ सिर्फ़ तेरा शृंगार लिखूँ

22.

वो कुछ दिनों से लड़ी नहीं मुझसे

वो कुछ दिनों से लड़ी नहीं मुझसे
कहीं मोहब्बत कुछ कम तो नहीं हो गई
सारी रात बस मैने करवटें बदली
शायद नींद भी कहीं बेवफ़ा तो नहीं हो गई । ।

23.

उम्मीद ए चराग़

उम्मीद ए चराग़ अभी तलक़
जला रखा है हमने
हाँ नहीं कहा तो क्या
ना भी कहाँ कहा है उसने
मोहब्बत की बातें
क्या सब फ़िज़ूल थी
हमें इन्हीं बातों से तो
शायर बनाया है उसने
और शम्मा अब जो बुझ गई
महफ़िल ए चराग़ से तो क्या
दिया मेरे आने तलक़
जला रखा है उसने ।।

- **उम्मीद ए चराग़** का मतलब है आशा का दीपक या उम्मीद की रोशनी जो अक्सर शायरी और कविताओं में इस्तेमाल होता है जहाँ चिराग उम्मीद सच्चाई और मार्गदर्शन का प्रतीक होता है जो अंधेरे निराशा या बुराई को दूर करता है और यह किसी व्यक्ति के भीतर की उम्मीद या समाज में फैलाई जाने वाली अच्छी भावना को दर्शाता है ।

- **महफ़िल ए चराग़** का मतलब है दीयों की महफ़िल या चिराग़ों की सभा जो उर्दू और हिंदी शायरी में एक लोकप्रिय मुहावरा है और अक्सर काव्य गोष्ठियों मुशायरों संगीत की शामों या किसी उत्सव के माहौल को दर्शाता है जहाँ रोशनी दीये चराग़ का भरपूर इस्तेमाल होता है लेकिन इसका गहरा अर्थ आशा ज्ञान या किसी व्यक्ति की उपस्थिति से भी होता है जो महफ़िल को रोशन करता है।

24.

आँसू जब भी आएँ

आँसू जब भी आएँ
उन्हें बहने दीजिये
वीरान हैं जो आँखें
उन्हें रहने दीजिये
लबों पे मुस्कुराहट हर पल
ज़रूरी तो नहीं
ज़ुबाँ ख़ामोश हैं अगर
तो ख़ामोश रहने दीजिये ।।

25.

चलो न बिछड़ कर देखते हैं

ख्वाहिशें फिर हुई
तुमसे इश्क़ लड़ाने की
चलो न
बिछड़ कर देखते हैं
ज़रूरत फिर लगने लगी
संग तेरे रहने की
चलो न
बिछड़ कर देखते हैं
वो अनकही बातें
वो जागती रातें
क्या अदा थी वो तेरी
मुस्कुराने की
मेरी उन हँसीं यादों को
फिर जी कर देखते हैं
चलो । चलो न ।
बिछड़ कर देखते हैं ।।

26.

दर्द ज़रूरी तो नहीं कि छुपाया जाये

दर्द ज़रूरी तो नहीं कि छुपाया जाये
ग़र कोई हमदर्द है तो बताया जाये
मिटे न मिटे ग़म मेरा कोई ग़म नहीं
जो तू समझ सका तो बस तुझे समझाया जाये ।।

27.

सुना है

सुना है अपनी सरज़मीं का बड़ा तीरंदाज़ है वो
और हुनर आज़माने के फ़िराक़ में है वो
चीर सके तो चीर दे एक तीर से दिल मेरा भी
सुना है सहेज़ता बड़े प्यार से है वो ।।

28.

अपनी मोहब्बतों का भरम ज़िंदा रख

अपनी मोहब्बतों का
भरम ज़िंदा रख
तू मेरे जीने का
वहम ज़िंदा रख
डूब न जाऊँ बहते बहते
अश्के समंदर में
मुझमें जोश ए जुनून का
सैलाब ज़िंदा रख
माना कि तश्तरी में अभी
कई तीर हैं तेरे
मेरे दिल को चीर सके ऐसा
तीर ज़िंदा रख
और मौत तो मेरी हो चुकी थी
निगाहों से तेरे
अब तू ही मुझे ज़िंदा करने का
सबब ज़िंदा रख ।।

- **अश्के समंदर** एक गहरा और भावनात्मक मुहावरा है जिसका उपयोग अत्यधिक दुख पीड़ा या विरह की स्थिति को दर्शाने के लिए किया जाता है।
- **सबब** एक अरबी शब्द है जिसका हिंदी में मुख्य अर्थ कारण या वजह होता है।

29.

कौन कहता है कि मैं तेरी पनाहों में नहीं

बिना तेरे मुझे मिली मेरे गुनाहों की सज़ा भी नहीं
अरे कौन कहता है कि मैं तेरी पनाहों में नहीं
बड़ी रहमतों से हर **वो** जो मैंने पाया था
तू मिला जो मुझे तो उसे खोने का ग़म भी नहीं
और वो जो पूछते थे कभी मेरी भी हस्ती
कहाँ उनको हुई हासिल तेरी ग़ुलामी भी नहीं
क्या पाया क्या खोया क्यूँ हिसाब रखता है
अरे तू जिसे हासिल है साजन
उसे किसी की ज़रूरत भी नहीं
उसे किसी की ज़रूरत भी नहीं ।।

30.

ख़ुदगर्ज़ मेरी आँखों को

ख़ुदगर्ज़ मेरी आँखों को तू बता क्या चाहिए
कुछ नहीं बस तेरी एक प्यार भरी नज़र चाहिए
यूँ तो कई चेहरे आये मेरे दर पर अर्ज़ियाँ लेकर
न जाने सबको किस मर्ज़ की दवा चाहिए
सुना था कभी कि दुवाँओ में असर होता है
माँगी है मोहब्बत तेरी अब तेरी रज़ा चाहिए
कोई समझ न पाया साजन कि मैं परेशां क्यों हूँ
अब मुझे भी कोई समझने वाला चाहिए
अब मुझे भी कोई समझने वाला चाहिए ।।

31.

मैं तुझे दूर तक देखना चाहता हूँ

मैं तुझे दूर तक देखना चाहता हूँ
तू दो कदम तो मेरे साथ चल कर के देख
ज़िंदगी बीत न जाये बस यूँ ही इंतज़ार में
तू कभी कैलेंडर के पन्ने पलट कर के देख
माना कि मोहब्बत पर मेरी
अब पहले सा ऐतबार नहीं
गोया अब तुम्हें हमसे रहा वो प्यार नहीं
फिर भी तू मुझे एक बार और परख कर के तो देख
मैं आज भी वहीं खड़ा हूँ
तू एक बार मुझे मुड़कर के तो देख
यादों में फिर वही प्यार के अफ़साने हैं
दिल कहे फिर तेरे संग मुझे गीत कई गाने हैं
उन हँसीं पलों को फिर याद तो कर के देख
मैं लिख चुका हूँ कई ग़ज़लें
तू कुछ तो गुनगुना कर के देख
तू कुछ तो गुनगुना कर के देख ।।

- **गोया** मुख्य रूप से उर्दू और फारसी भाषा का शब्द है जिसका अर्थ मानो या जैसे कि होता है।

32.

सब कहते हैं

सब कहते हैं कि तुम्हें उसके आगे कुछ दिखता नहीं है
अफ़सोस कि उसे यह दिखता नहीं है
वो पूछ बैठे कि तुम्हारी मोहब्बत की तस्वीर क्या है
क्या कहें कि आईना उसे दिखता नहीं है
कोई बता दे कि आखिर मुझे जाना कहाँ है
सफ़र कर रहा हूँ मगर साहिल मुझे दिखता नहीं है
काश मेरे शहर में भी हो बारिश वफ़ा की
प्यासे हैं सब यहाँ साजन इन्हें समुंदर दिखता नहीं है ।।

33.

कौन कहता है कि गुलाब हो तुम

कौन कहता है कि गुलाब हो तुम
काँटे नहीं कहीं भी बदन पर तेरे
महक जो उडी है फ़िज़ा मे सनम
कभी क्या हुई कम साँसों से तेरे
पंखुड़ी जो चहकते खिले थे कभी
क्या गिरे हैं कभी वो बदन से तेरे
सुर्ख लाल सी है जो शबनम यहाँ
कहाँ ये छुपी हैं लबों से तेरे
कौन कहता है कि गुलाब हो तुम
काँटे नहीं कहीं भी बदन पर तेरे । ।

34.

इस कदर न खूबसूरत लगो

इस कदर न खूबसूरत लगो
कि मेरी नज़र ही न लग जाए
दीवाना तो ये दिल पहले ही था
कहीं पागल न हो जाए ।।

35.

मुझसे बिछड़ के भी

मुझसे बिछड़ के भी
उसे बस मेरा ख्याल रहता है
ज़ुबाँ पर क्यों हमेशा मेरा सवाल रहता है
दूर बहुत है मुझसे
पाना अब मुमकिन नही
फिर भी शायद उसे
मेरा इंतेज़ार रहता है

36.

ज़िंदगी है

ज़िंदगी है तो उतार चढ़ाव तो आते हैं
मगर जो तुम साथ हो
तो रास्ते नजर आते हैं
कहानियाँ तो कहने को मै हज़ार लिख दूँ
लेकिन तुम्हारे अक्स में ही
क्यूँ हर किरदार नज़र आते हैं
माना कि अब कुछ नहीं मैं तुम्हारे बिना
कहो क्या तुमको भी यही हाल नज़र आते हैं
और जो माँगा था साजन ने कभी साथ तेरा
क्या अब भी तुझे वो दिन वो रात नज़र आते हैं । ।

37.

तुम्हे देखकर जो मुझे मोहब्बत हो जाए

तुम्हे देखकर जो मुझे मोहब्बत हो जाए
गुस्ताखी ना समझना अगर शरारत हो जाए
बेसब्र बेअक्ल बेकाम जो चाहे समझ ले
बेइंतहा मोहब्बत है बस ये यकीन हो जाए
खामोशियों को तेरी मैं क्यों नाम दूँ
जाने कब लबों पर तेरे अल्फ़ाज़ आ जाएँ
कह दे जो सनम तु भी की मोहब्बत है
बेचैन मेरे दिल को जरा चैन आ जाए । ।

38.

ज़बरदस्ती नहीं करूँगा मैं

ज़बरदस्ती नहीं करूँगा मैं
हाँ ज़बरदस्ती नहीं करूँगा मैं
नव वर्ष का है ये प्रण
कि ज़बरदस्ती नहीं करूँगा मैं
मिली है ज़िंदगी हमे एक बार
जिसे जीना भी है हमे बस एक बार
हाँ बार बार नहीं जियूँगा मैं
इसलिए ज़बरदस्ती नहीं करूँगा मैं
तुझे करने हैं छोटे बाल तो कर
मन आया तो अकेले यात्रा पर निकल
साथ जाने की ज़िद नहीं करूँगा मैं
हाँ ज़बरदस्ती नहीं करूँगा मैं
जाना हो तुझे जो सुबह की सैर पर
हाँ लेकर अपने मित्रों का साथ चल
महिला पुरुष का भेद नहीं करूँगा मैं
हाँ ज़बरदस्ती नहीं करूँगा मैं
जो कह नही पाती सच मुझसे
होगा मुझे गम यह सोचकर
उन गमों को नहीं सहेजूँगा मैं
हाँ ज़बरदस्ती नहीं करूँगा मैं
अर्थ नहीं कि प्यार हुआ कम

तुझ बिन मेरा कोई नहीं सनम
प्यार तो और ज्यादा करूँगा मैं
हाँ पर ज़बरदस्ती नहीं करूँगा मैं
ज़बरदस्ती नहीं करूँगा मैं ।।

39.

सुना है तुम ग़ज़ल अच्छा लिखते हो

सुना है तुम ग़ज़ल अच्छा लिखते हो
क्या मेरे लिये कुछ लिख पाओगे तुम
पढ़ नहीं पाया जिन अल्फ़ाज़ों को
क्या उन लफ़्ज़ों को फिर से कह पाओगे तुम
मेरी आँखों में देखकर वो जो गीत सुनाते थे
क्या इक बार फिर गुनगुनाओगे तुम
वो हसीन लम्हे जिनकी यादें धुँधला रही हैं
क्या मेरे संग उन लम्हों को फिर जी पाओगे तुम
क्या मेरे संग उन लम्हों को फिर जी पाओगे तुम ।।

40.

माना कि बहुत कमज़ोरियाँ हैं मुझमें

माना कि बहुत कमज़ोरियाँ हैं मुझमें
मगर तुम तो कमज़ोर नहीं
शायद बहुत सी मजबूरियाँ हैं मेरी
मगर तुम तो मजबूर नहीं
फिर क्यों मेरी मजबूरियों को
कमज़ोरियों का नाम देकर
तू भी चलता रहा भीड़ में
हर किसी का साथ देकर
मैं सोचता रहा कि काश कोई तो होता मेरा भी
अंजाने में ही सही वो थामता हाथ कभी मेरा भी
लेकिन न तुम आये न कोई और
बस रह गया मैं उस मुसाफिर कि तरह
जो ढूँढता रहा एक साथ
हर उस मोड पर जहाँ कभी
हम चले थे लेकर हाथों में हाथ ।।

41.

दिल तो तेरे दीदार से भर जाता था

दिल तो तेरे दीदार से भर जाता था
ग़म ए ज़िंदगी में अब मोहब्बत के लिए वक़्त कहाँ रहा
वक़्त दो वक़्त की रोटी का रोज़ रहा सवाल
इश्क़ का ख़याल ज़िंदगी में अब कहाँ रहा
वफ़ा ए हुस्न तेरी राह हमने भी कभी देखी थी
पर अब मोहब्बत का वो हसीन मंज़र कहाँ रहा
कभी रोशन थी ज़मीं मेरी तेरे बरसते नूर से
अब तेरे चेहरे पर भी वो हुस्न का जलवा कहाँ रहा
लुट गई दुनिया मेरी सनम तेरे प्यार में
मोहब्बत की मेरी कब्र पर तेरा भी अक्स अब कहाँ रहा

- **ग़म ए ज़िंदगी** मतलब जीवन के दुख उर्दू शायरी और साहित्य का एक गहरा विषय है। इसका अर्थ केवल उदासी नहीं बल्कि जीवन के संघर्षों जिम्मेदारियों और अनकही तकलीफों का एहसास है।
- **वफ़ा ए हुस्न** का मतलब है सुंदरता के साथ वफादारी या निष्ठा का मेल जो अक्सर उर्दू शायरी और गीतों में इस्तेमाल होता है जहाँ प्रेमी की सुंदरता और उसके वादे के प्रति निष्ठा को एक साथ दर्शाया जाता है जो प्रेम की गहराई और पवित्रता को बताता है ।

42.

तुम सच कहो न कहो

तुम सच कहो न कहो कोई गम नहीं
पर झूट नही सहा जाता
मुझसे अब तेरे दर पर
तेरा इंतज़ार नहीं सहा जाता
यूँ तो हूँ मुस्कुराता अक्सर तेरी यादों में
लेकिन जान समझ ले इतना
तेरा दर्द नहीं सहा जाता
काश मुझे भी मिल जाये
वो मौत हाँ जिसको कहते हैं
तेरे बिन यह जीवन
अब यार नहीं सहा जाता ।।

43.
जब आपसे कोई दूर होता है

जब आपसे कोई दूर होता है
आपकी आहटों से मसरूफ़ होता है
चाहता है वो बिछड़ना
मगर कैसे
बस इसी बात का उसे शायद इंतेज़ार होता है
जब आपसे कोई दूर होता है
खुद ही खुद में मगरूर होता है
नहीं होती कोशिशें फिर मनाने की
हर वक्त आपसे बस एक सवाल होता है
हाँ जब कोई आपसे दूर होता है
कोशिशों से आपकी बेपरवाह होता है
देखता है वो बस अपनी ही खुशी
आपके गमों का कहाँ उसे खयाल होता है ।।

- **मसरूफ़** एक उर्दू शब्द है जिसका अर्थ व्यस्त काम में लगा हुआ या किसी गतिविधि में लीन होना है यानी जिसके पास खाली समय न हो इसका मतलब होता है कि कोई व्यक्ति अपने काम या विचारों में डूबा हुआ है और उसके पास फुर्सत नहीं है
- **मगरूर** का अर्थ होता है अहंकारी घमंडी या अभिमानी। यह शब्द मुख्य रूप से ऐसे व्यक्ति के लिए उपयोग किया जाता है जिसे अपनी दौलत पद रूप या किसी काबिलियत पर बहुत ज्यादा गर्व हो और वह दूसरों को खुद से छोटा समझता हो।

44.

खेल इश्क़ का

वो जताता रहा
मैं निभाता रहा
खेल इश्क़ का
मैं बस समझता रहा
मुद्दते अर्सा बीते
अब समझा हूँ मैं
मैं हर चाल में उसकी
क्यूँ फंसता रहा
वो कहती थी की खुदा हो तुम मेरे लिए
मैं उसकी हर बात पर
इकरारे वफा करता रहा
टूटा जो दिल मेरा
फिर किसी मोड पर
मैं फिर उसी राह पर
चलने के लिए तरसता रहा । ।

- **मुद्दते अर्सा** उर्दू भाषा का एक वाक्यांश है जिसका अर्थ होता है लम्बा समय या एक लम्बी अवधि।

45.

हमारी मोहब्बत का अंदाज़ा

हमारी मोहब्बत का अंदाज़ा
तुम क्या लगाओगे
जब तुम्हारी फितरत में ही वफा नहीं
और खाते हो कसमें
जो वफा निभाने की
सच कहूँ तो अब क्यूँ परखूँ
जब तुमसे कोई सिला नहीं
मैने सब कुछ लुटा दिया तुमपे
पर कुछ गिला नहीं
और तुम कहते थे कि
प्यार इश्क़मोहब्बत
सब तुमसे है
पर मुझसे पूछो
मुझे तो कुछ मिला नहीं
अबकी मिलोगे तो पूछेन्गे
कि क्या मिला
मेरे दिल से खेल के
जश्न मेरी मोहब्बत का
मना के बार बार
कभी नहीं सोचा कि
ये मेरा दिल है कोई खिलौना नहीं

46.

खुद को भुला के

खुद को भुला के
कभी किसी को इतना न चाहो कि
वो तुम्हारी नीयत पर शक करने लगे
और अपने गमों को थोड़ा सहेज कर रखो
क्या पता रोने को कल ज़िंदगी कम लगने लगे ।।

47.

पूछते हो तुम कि मेरा हाल कैसा है

पूछते हो तुम कि मेरा हाल कैसा है
कहो कैसा होगा जब मेरा यार ऐसा है
अश्कों को छुपाकर समुंदर बना लिया
क्या कहूँ मेरे यार ये संसार कैसा है
आँखों में नमी और चेहरे पे हँसी
कोई तो बताये ये मंझधार कैसा है
और कई रातों से जो मैं सोया नहीं हुँ
फिर मेरी आँखों मे वो तेरा ख्वाब कैसा है ।।

48.

सोचता हूँ कभी बिछड़ जाऊँ तुमसे

सोचता हूँ कभी बिछड़ जाऊँ तुमसे
शायद तुम्हें फिर मिलने का
एहसास तो आये
क्यूँ मैं ही तड़पता रहूँ
तेरी यादों में
कभी तुम्हें भी तो टूटकर
मेरी याद आये
यूँ दूर दूर रहकर भी
जैसे तुम खुश रह लेते हो
काश मेरे दिल को भी
कभी तो ये हुनर आये
और महफ़िलें जो सजा लेती हो
अक्सर मेरे बगैर
महफ़िल न सही
मेरी यादों में ही
कभी तो कोई और भी आये
कभी तो कोई और भी आये ।।

49.

हाँ सही है

हाँ सही है कि ऊँचाइयों पर नही पहुंचा हूँ मैं
मंज़िलों की तलाश में
भटक रहा हूँ मैं
कौन कहता है कि
अपने हमेशा साथ रहते हैं
हर किसी को आज़मा के
देख चुका हूँ मैं ।।

50.

जिसने सीखा हो तैरना

जिसने सीखा हो तैरना
गहरे समुंदर मे
वो कभी डूबने से
डरा नही किया करता
और होगी मजबूरी
जाने कोई उसकी भी
वरना बेवफ़ाई कोई
यूँ ही नही किया करता ।।

51.

कुछ नहीं_बदला उसके जाने के बाद

कुछ नहीं बदला उसके जाने के बाद
बस बदल गया तो मैं
और बदल गई तो मेरी दुनिया
बदल गए वो खुशनुमा पल मेरे
और बदल गई मेरी हसीं रातें
अब सोचता हूँ कि काश तुझे जाने न देता
चाहे झूठा ही सही
कोई बहाना ही बना देता
बिना तेरे जीने का गम तो नहीं_सहता
हाँ मैं ज़िंदा तो हूँ मगर
यूँ ज़िंदा नही होता ।।

52.

बड़ी आरज़ू थी

बड़ी आरज़ू थी
तेरी बाहों में वक्त बिताने की
कि चले आओ
अब रहा नहीं जाता
मुझे अपनी चाहत का सिला देने वाले
कि अब तेरे बिन सुकूँ नहीं आता
नशा तेरी मोहब्बत का यूँ चढ़ चला है
कि राहों पर अब कुछ नज़र नहीं आता
और ठोकर तो मुझको लग ही चुकी थी
कि हाथ जो मेरा तेरे हाथ नहीं आता
बड़ी आरज़ू थी तेरे बाहों मे वक्त बिताने की
कि चले आओ अब रहा नहीं जाता ।।

- **सिला** जिसका अर्थ होता है किसी कार्य के बदले में मिलने वाला फल बदला या इनाम।

53.

सोचता हूँ प्यार उसने क्यूँ किया था

सोचता हूँ प्यार उसने क्यूँ किया था
मौत से भी बदतर मेरा हाल
क्यूँ किया था ।
चाहती थी अगर
तो छोड़ा ही क्यूँ था।।
क्या मुझे दुनिया से कहना अलविदा था
क्या मुझे दुनिया से कहना अलविदा था । ।

54.

किस्सा तो अच्छा फिर भी मौत ही था।।

मजनू तो मैं भी नहीं था
पर प्यार तो था
लैला की चाहत में
पागल तो मैं भी था
मगर मुझे जुदाई मिली
उसे मौत।।
किस्सा तो अच्छा फिर भी मौत ही था।।
किस्सा तो अच्छा फिर भी मौत ही था।।

55.

अगर अपनी गलतियों का अहसास तुझे होता

अगर अपनी गलतियों का अहसास तुझे होता
तो शायद इंसां नहीं तू भी खुदा होता
और वो भी किया करते हैं अब वफा की बातें
जिन्हें कभी किसी पर एतबार नहीं होता
तू फक्र करता रहा जाने किस गुमान पर
अरे बिना सहारे तो तू जला भी नहीं होता
जो उम्र भर कहता रहा मैं जिया सबके लिये
अर्थियों मे उनके भी चार कांधा नहीं होता
अगर अपनी गलतियों का अहसास तुझे होता
तो शायद इंसां नहीं तू भी खुदा होता
तू फक्र करता रहा जाने किस गुमान पर
अरे बिना सहारे तो तू जला भी नहीं होता ।।

56.

पता चलेगा तुम्हें

हाँ पता चलेगा तुम्हें
जब न रहूँगा मैं
कि कौन था वो
जो तुम्हारी हँसी पे मुस्कुराता था
पता चलेगा तुम्हें
कि वो तो बस एक था
जो तुम्हारे गमों को सहेजता था
हाँ पता चलेगा तुम्हें
कि क्यों परेशाँ होता था वो
जब तुम उदास होती थी
और क्यों हर पल पुकारता था
तुम्हें जब तुम करीब न होती थी
हाँ पता चलेगा तुम्हें
कि वज़ूद क्या था तुम्हारा
जब न रहेगा उसका सहारा
मगर मौत आने से पहले भी वो
चाहता था सिर्फ साथ तुम्हारा
हाँ पता चलेगा तुम्हें
जब न रहूँगा मैं ।।

57.

दिल विल प्यार व्यार

दिल विल प्यार व्यार कि बातें छोड़ दो
जो तुमसे न हो सका
उसका बहाना छोड़ दो
और मैं जो करता रहा
तुमसे उम्र भर
उसे मुहब्बत कहो न कहो
मगर दिल्लगी बताना छोड़ दो ।।

58.

चाहे छुप कर के करो

चाहे छुप कर के करो
मगर एक मर्तबा तो इश्क़ करो
कभी तुम्हें भी तो पता पड़े
कम्बख्त कितनी बुरी चीज है ।।

59.

गमों के साए

गमों के साए में तुम जी रहे हो
मुकद्दर के आँसू हम भी पी रहे हैं।
खुशियों में तो सब जीते हैं
हम दुख में संग जी रहे हैं।
प्यार अगर है एक समुंदर
हम सागर में डूब रहे हैं।
पार तो इसके सब जाते हैं
हम कश्ती से कूद रहे हैं। ।

60.

मोहब्बत की शाख से पत्ते नहीं तोड़ा करते

मोहब्बत की शाख से पत्ते नहीं तोड़ा करते
कि मौसमे इश्क़ में पतझड़ नहीं होता
परिंदों को कभी दिल से नहीं लगाते
कि आसमाँ से बढ़कर उनका घर नहीं होता
शौक रखो सभी का मगर मोहब्बत का नहीं
कि अश्क बहाने से कभी समंदर नहीं होता
और दिल तो हमने भी लगाया था ऐ साजन
मगर हर किसी के नसीब में हीर का प्यार नहीं होता ।।

61.

बात जलने की हुई

बात जलने की हुई तो दिया का नाम आया
मगर जाने क्यों मैं बाती की ओर देखता रह गया
इश्क़ मैंने भी किया इश्क़ तूने भी किया
मगर इश्क़ का हर इक ज़ख़्म मेरे ही नसीब आया
कहते हैं कि मोहब्बत में बेइंतहा असर होता है
मगर अफ़साना ये मेरा उसे कुछ तल्ख़ नज़र आया
यूँ तो मैं भी था मुसाफ़िर उसके ही शहर का
मगर मेरा ये सफ़र उसे कम समझ आया
चाहतों पे हमने भी दी मिसालें बहुत ख़ूब
मगर पढ़ न पाया साजन वो दर्द जो किताबों में उतर आया ।।

62.

चाहता था कुछ लिखूँ

चाहता था कुछ लिखूँ तुम्हारे लिए
पर लिख न पाया
जाने क्यों अपनी बातों को
तुम्हें समझा न पाया
कोरे काग़ज पर मेरी अनकही बातों को
जो मैं उतार पाता
शायद मैं तुझे अपनी ग़लतियाँ बता पाता
फिर वो तेरी मर्ज़ी थी कि तू मेरे क़रीब आती
या मैं अपने गुनाहों की सनम कुछ तो सज़ा पाता ।।

63.

मेरी मोहब्बत के क़िस्से

मेरी मोहब्बत के क़िस्से यूँ मशहूर नहीं होते
अगर इन क़िस्सों में जो तुम नहीं होते
मेरी दीवानगी का आलम कभी कम नहीं होता
जो किसी और का तू हुआ नहीं होता
हाँ माना कि इश्क़ बेपरवाह था मेरा
मगर कहाँ यहाँ कोई तलबगार था मेरा
और वो कहते हैं कि इश्क़ था तुमसे था बेइंतिहाँ था
फिर मेरे नज़र परे क्यों तू किसी और का था ।।

- **तलबगार** का हिंदी में मुख्य अर्थ है चाहने वाला या इच्छुक किसी वस्तु व्यक्ति या पद की इच्छा रखने वाला । अभिलाषी जिसे किसी चीज़ की तीव्र चाह या लालसा हो। खोजने वाला किसी चीज़ की तलाश या खोज करने वाला ।

64.

मुझे तेरी रोशनी से शिकायत नहीं थी

मुझे तेरी रोशनी से शिकायत नहीं थी
ग़म तो मुझे बस मेरे अंधेरों का था
साथ देना न देना तेरी ज़रूरत थी
क्या खोया क्या पाया यह मेरा नसीब था । ।

65.

ये माना कि इश्क़ में बर्बाद हो गया

ये माना कि इश्क़ में
बर्बाद हो गया
तो क्या हुआ जो ज़िंदगी का
बाज़ार हो गया
और क़िस्से तेरी बेवफ़ाई के
सुने थे हमने भी
तो क्या हुआ जो तुमसे से ही
हमें प्यार हो गया
क़सम जो मेरी खा के
कभी कहा था उसने
कि तुमसे ही सनम मुझे
सच्चा प्यार हो गया
और रोया तो होगा वो भी तो कभी
मेरी कब्र देखकर
सोचता होगा साजन
हाए मैं कैसा गुनहगार हो गया ।।

66.

मैं मोहब्बत करता हूँ...

मैं मोहब्बत करता हूँ दगा नहीं करता
मगर तुमसे करने की अब ख़ता नहीं करता
शहर में क्या कम खूबसूरत हैं
जो तेरा सदक़ा करूँ
हर किसी पर यूँ ही मेरा दिल
फ़ना नहीं करता ।।

67.

था ग़ुरूर मुझे

था ग़ुरूर मुझे कि
मैं उसका ख़ुदा बन गया
वो भी कहता था मुझे कि
मैं रहनुमा बन गया।
ख़ता बस यह हुई कि
हर ख़ता माफ़ कर दी उसकी
समझ न पाया
कब वो मेरा कातिल बन गया।।

68.
माना कि दौलत की खुमारी में हो अभी तुम

माना कि दौलत की
खुमारी में हो अभी तुम
होश नहीं तुमको कि क्या थे
क्या हो गये हो तुम
मुद्दतों बीते अब यह कैसा
अहसास हुआ है
मुझसे जुदा हुवे तो शायद
खुश हुवे हो तुम
याद आए कभी जो तुम्हें
तो यूँ भुला देना
जैसे हमारी ज़िंदगी में
कभी नहीं थे तुम
और मौत भी कभी आये तो
पूछेगी निशाँ तुमसे
क्या था क्या हो गया
कुछ बता सकोगी तुम । ।

69.

मत पियो शराब

वो कहते हैं कि मत पियो शराब बिगड़ जाओगे
ज़िंदगी के मँझधार में उलझ जाओगे
और हाँ माना कि मैं शराबी हूँ
मग़र बताओ मेरे यार
मेरे बाद ये नशा कहाँ से लाओगे ।
कश्तियाँ समंदर में क्या तुमने भी चला के देखी है
चीर सके तूफ़ाँ ऐसी पतवार कहाँ से लाओगे ।
और मेरे बाद मेरी परछाइयों का ग़म करना
कि यादों को सजाने का सामान साजन कहाँ से लाओगे
यादों को सजाने का सामान साजन कहाँ से लाओगे । ।

70.

मेरी बर्बादी का जश्न

मेरी बर्बादी का जश्न
वो मुझे ही दिखाना चाहे
कैसी क़िस्मत है मेरी
जो मौत को तरसना चाहे
यूँ तो कई आए मेरे दर पर
तमाशबीन निकले
तू सनम क्या यहाँ
गुल खिलाना चाहे
खेलते थे आँख मिचौली
जो कभी संग गलियारों में
जाने क्यों अब वो भी
छुप कर के निकलना चाहे
और मिला जो कभी रब से
तो मैं पूछूँगा
क्या मेरी क़िस्मत वो
दुबारा से बनाना चाहे । ।

71.

क़िस्मते एतबार

क़िस्मते एतबार कि तेरा दीदार हुआ
तू मिले न मिले तुझसे ही सनम मुझे प्यार हुआ
ज़िद तो नहीं थी कि तुझे पा लेता
फिर क्यों मेरे दिल को हर बार यही मलाल हुआ
इश्क़ आदत तो नहीं तेरी या कि तेरी फ़ितरत है
क्यूँ **शुबहा** मुझे यही बार बार हुआ
याद आता है साजन आज भी तेरा ही चेहरा
ना सुकून किसी और से मुझे इक बार हुआ ।।

शुबहा : यह एक उर्दू शब्द है जिसका अर्थ होता है शक संदेह या भ्रम।

72.

बस इसी बात का मुझे ग़म होता है

बस इसी बात का मुझे ग़म होता है
कोई तो है वो जो मेरे नाम से रोता है
दिलों को मिलाने का वो **इल्म** जो मैंने सीखा था
कहाँ कभी वो अपने ही काम आता है
रोया तो नहीं पर दिल ये बड़ा बेचैन रहा
दिलों का दर्द मिटा दे ये हुनर किसे आता है
जाने क्यूँ मैंने उसे उस पल में क़रीब आने दिया
बस यही सोचकर साजन आज भी दिल घबराता है
बस यही सोचकर साजन आज भी दिल घबराता है ।।

- **इल्म** एक अरबी शब्द है जिसका अर्थ ज्ञान विद्या जानकारी शिक्षा कला या हुनर होता है जो मानवीय इंद्रियों ईश्वर के रहस्योद्घाटन या अनुभव से प्राप्त होता है ।

73.

अब सिखाते हैं वो भी हमें

अब सिखाते हैं वो भी हमें मोहब्बत की बारीकियाँ
जिनको कभी याद इश्क़ की गली का रास्ता नहीं रहा
और समझते हैं कुछ यहाँ मुझे भी अपना रक़ीब
अरे कोई उन्हें समझाए उस नारी से कभी हमारा कोई वास्ता नहीं रहा
जिस गली से वो गुज़रे हंगामा ही हंगामा **बरपा**
कहाँ उन्हें याद कभी हमारा फ़साना रहा
चाहती है वो मुझे बयाँ नहीं किया तो क्या
बस इसी उम्मीद में दिखता मुझे सारा ज़माना रहा
वो तो चले गये साजन कुछ गुलाब के फूल चढ़ाकर
मगर मेरी रूह को भी उसी का इंतज़ार रहा
मगर मेरी रूह को भी उसी का इंतज़ार रहा ।।

- **बरपा** शब्द का अर्थ है खड़ा हुआ उठा हुआ स्थापित उत्पन्न या मचा हुआ और इसका प्रयोग अक्सर उपद्रव हंगामा आफत या किसी आयोजन के संदर्भ में होता है

74.

प्यार इश्क़ मोहब्बत

प्यार इश्क़ मोहब्बत
कुछ है कि नहीं
दिलों को बहलाने का नाम
या कहीं भरम तो नहीं
मैंने तो माँगी थी मेरे गुनाहों की सजा
तूने जो माफ़ किया वो मेरी खता तो नहीं
कहते हैं कि दिल जो टूटा तो खनक नहीं होती
अरे तुमने उसे कभी सिसकते हुवे देखा ही नहीं
क्यों समझते नहीं साजन कि दर्द ही मोहब्बत है
यह दर्द मिटा सके बनी कोई दवा भी नहीं । ।

75.

नहीं रही वो चाहतें

नहीं रही वो चाहतें
अब न रहे वो ग़म
हसरतें भी खो गई
रह गये अधूरे से हम
करते नहीं अब कोशिशें
वादे वफ़ा भी हैं कम
वसंत भी मुरझा गया
ज़िंदा रह गये हैं हम । ।

76.

तुमसे तो बेहतर

तुमसे तो बेहतर मेरी बोतल ए शराब है
सम्भाले हुवे नशा मगर सीधी ही चाल है
तुम सा वो कभी दिखावा नहीं करती
कभी झूठे प्यार का वादा नहीं करती
लिखा रखा था सही सही कि हानिकारक हूँ
मत पियो ज़्यादा तुम्हारे विनाश का वाहक हूँ
तुम गये पर याद तुम्हारी आज भी सताती है
और दो घूँट पिला के मुझे वो हर रोज़ सुलाती है
तुमसे तो बेहतर मेरी बोतल ए शराब है
सम्भाले हुवे नशा मगर सीधी ही चाल है ।।

77.

आज मैं लिखता हूँ जो ग़ज़ल तुम्हारी ख़ातिर

आज मैं लिखता हूँ जो ग़ज़ल तुम्हारी ख़ातिर
क्या रखोगी इन्हें ज़िंदा कल इस ज़माने की ख़ातिर
रहूँ या ना रहूँ कल और जो भुला दे दुनिया
क्या सुनाओगी वो नग़मे फिर तुम मेरी ख़ातिर
चंद लम्हों में कहीं ये वक़्त न सिमट जाये
मेरी बाहों में पिघल जा तू हमारी ख़ातिर
मेरी साँसों को **मयस्सर** नहीं साजन तुम्हारी ख़ुशबू
जा तू अपनी शाम सजाले किसी की ख़ातिर
जा तू अपनी शाम सजाले किसी की ख़ातिर । ।

- **मयस्सर** एक उर्दू शब्द है जिसका मतलब मिलना उपलब्ध होना प्राप्त होना या सुलभ होना है यानी कोई चीज़ जो आसानी से मिल जाए या हाथ आ जाए। यह अक्सर किसी के लिए उपलब्ध होना या किसी के पास होना के अर्थ में प्रयोग होता है

78.

वो भी है कुछ तुम्हारे जैसी

वो भी है कुछ तुम्हारे जैसी
तलब उठती है उसकी भी कुछ तुम्हारे जैसी
जैसे तुम्हारी याद नींदों को चुरा लेती है
वैसी ही उसकी है पुकार कुछ तुम्हारे जैसी
छोड़ कर चले गये तुम तो किसी की ख़ातिर
वो छोड़ने नहीं देती बन गई यार कुछ तुम्हारे जैसी
खुली आँखों से आज भी तुम्हारे स्वप्न देखता हूँ
और वो बिन पिये सोने नहीं देती है कुछ तुम्हारे जैसी । ।

79.

मैं समझता रहा

मैं समझता रहा कि कोई तो है जो अक्सर मुझे दस्तक देता
कहाँ खबर थी कि हवाओं को है मोहब्बत मुझसे
शाम ढलते हुवे सूरज को जो देखा मैंने
चाँद तारों की मोहब्बत का बयाँ है मुझसे
अश्क़ बहते ही रहे यादों में तेरी मेरी जाने वफ़ा
राह मंज़िल की बिछड़ गई है जाने क्यों मुझसे
मैं मोहब्बत करता ही रहा तुझसे बिछड़ कर भी साजन
हर शक्स तेरा ही अक्स लिए क्यों मिला मुझसे
हर शक्स तेरा ही अक्स लिए क्यों मिला मुझसे ।।

80.

मुझको शक है

मुझको शक है कि तुझे इश्क़ हुआ है फिर से
फिर किसी को मौत ने पुकारा है शायद
देख कर बंजर ये ज़मीन रोया था बहुत
जो बरसता रहा आँखों से लहू है शायद
मुद्दतों बाद तुझे देखा तो फिर वही अहसास हुआ
ज़िंदगी इतनी भी बुरी नहीं है शायद
बात समुंदर की हुई तो भी दिखे नैन तेरे
अश्क़ बहते हुवे पानी में मिला है शायद
मेरी बातों में तुझे दर्द दिखे या ना दिखे
मेरे ज़ख्मों पे तेरा नाम लिखा है शायद
मेरे ज़ख्मों पे तेरा नाम लिखा है शायद ।।

81.

इश्क़ काबिल नहीं मेरा

इश्क़ काबिल नहीं मेरा यह तो मान लिया तुमने
पर जो साथ बिताये थे वो पल भुला पाओगे क्या
कहते थे कि ज़िंदगी ख़ामोश हो जाएगी तुम्हारे बिना
साज़ तेरे दिल के किसी और के गीतों पर फिर बजा पाओगे क्या
माना कि हमारे प्यार के क़िस्से अधूरे रहे
फिर किसी को इस दिल की दास्तान सुना पाओगे क्या
माना कि लकीरें मेरी तुझे छू न सकी
तुम मगर अब किसी और के चित्र बना पाओगे क्या
मेरी साँसों में महकती थी साजन हर पल तुम्हारी ख़ुशबू
तुम इत्र कभी बदन पे वही लगा पाओगी क्या
लगा पाओगी क्या ।।

82.

तू चाहता है किसी को बुरा न लगे

तू चाहता है किसी को बुरा न लगे
खता करता भी रहे पर खता न लगे
इश्क़ मक़बूल होना चाहता है
तू चाहता है किसी को पता न लगे
मंज़िलों को तक रहा क्यों दूर से ही
सोचता है राह के पत्थर न लगे
आग दरिया में लगी अब इसे बुझाऊँ कैसे
क्या करूँ कि फिर वही हवा न लगे
ए मौत आख़िर कब तक तेरा रस्ता देखूँ
वो मर्ज़ बता जिसे कोई दवा न लगे
गीत महफ़िलों में फिर तूने मेरे गाये साजन
तू बता अब दिल ये मेरा फिर कैसे लगे
तू बता अब दिल ये मेरा फिर कैसे लगे ।।

83.

जो मैं तबाह हुआ

क्या तुम्हें कुछ चैन हुआ... जो मैं तबाह हुआ
क्या तेरी यादों में मेरा आना कुछ कम हुआ... जो मैं तबाह हुआ
कहते थे कि मेरी ज़िन्दगी का चिराग़ हो तुम
क्या अंधेरा तुम्हारी ज़िंदगी का कुछ कम हुआ... जो मैं तबाह हुआ
सर्द उन रातों में था जो तेरा बिछौना बनकर
क्या फिर उन हसीं रातों का दीदार हुआ... जो मैं तबाह हुआ
मुस्कुराहट तेरे चेहरे की कभी कम न होने दी थी जिसने
सच कहना कि क्या उसी से था तुझे कभी प्यार हुआ... जो मैं तबाह हुआ ...

84.

मैं चाहता हूँ मेरे दुश्मनों को हो मोहब्बत तुझसे

मैं चाहता हूँ मेरे दुश्मनों को हो मोहब्बत तुझसे
तिल तिल कर मरने का मज़ा उनको भी मिले
जो कहते थे कि बाहर मिल देख लेंगे तुझे
ख़ुदा करे वो सभी मुझे तेरे घर के सामने मिले
कह रहे थे वो मुझे जाने क्यों काफिर
मुझे इश्क़ हुआ अब मुझे मज़हब क्या मिले
सोया था तेरी ज़मीन पर साजन तेरी निगाहों के लिए
आँखें जो खुली दर पर हैं तेरे रक़ीब हज़ारों मिले ।।

85.

बुलंदियाँ या तबाहियाँ

मुझे तो बुलंदियों का शौक था
मगर तबाहियों को मुझसे बेइंतिहां मोहब्बत थी
और जब मैं बुलंदियों पर था
तब भी तबाहियाँ मेरे साथ थी
वो लोग भी मेरे अपने थे जिनसे जीने का हुनर सीखा था
और वो लोग भी मेरे अपने ही थे
जिन्होंने ऊंचाईयों पर मेरी टांग खींची थी
दुनिया की नज़र में तो मै मुसाफिर ही था
हर शक्स को मेरा सफर आसाँ दिखा
किसी ने न देखी मेरे चेहरे की मासूमियत
सबने बस मेरी जरूरत देखी थी
मुझे तो बुलंदियों का शौक था
मगर तबाहियों को मुझसे बेइंतिहां मोहब्बत थी
और जब मैं बुलंदियों पर था तब भी तबाहियाँ मेरे साथ थी ।।

86.

यह तो महफ़िलों का दौर है

यह तो महफ़िलों का दौर है
हर ओर मचा शोर है
लोग करते तो हैं बातें शराफत की
मगर दिल में तो सबके चोर है
बेसब्र हैं सब यहाँ
कहाँ किसी को थोड़ा चैन है
अब माँ का वो आँचल कहाँ
रूठ जाएं तो मनाता कौन है
कहने को तो बंगला गाड़ी
नौकर चाकर ऐशो आराम सब है
देख लूँ जो मुड़कर राह चलते
कहाँ गए वो दोस्त मेरे
अब मेरे संग कौन है
यह तो महफ़िलों का दौर है
हर ओर मचा शोर है
लोग करते तो हैं बातें शराफत की
मगर दिल मे तो सबके चोर है

87.

प्यार इश्क़ मोहब्बत में क्या होता है

प्यार इश्क़ मोहब्बत में क्या होता है
कुछ नहीं
बस एक दिल टूटता है... और... और कुछ नहीं ...
तुम कहो तो चाँद तारे आसमाँ से तोड़ लाऊँ
यह सब मन बहलाने की बातें हैं और कुछ नहीं ...
ग़म को छुपा के रखा है... तो रख लो.. क्या होगा
कभी बोतल में घुल जाएगा और कुछ नहीं ...
सुना है लिखते हो तुम अभी भी **दयार ए इश्क़** पर क्या मिलेगा .
गीत ग़ज़ल में गुम जाओगे... और कुछ नहीं ..
क्या हुआ साजन जो फिर कहीं दिल लगा बैठे
फिर वही ठोकर खाओगे और कुछ नहीं...

- **दयार ए इश्क़** का अर्थ है प्यार की दुनिया या इश्क़ मोहब्बत प्रेम का देश स्थान। यह एक फ़ारसी.अरबी शब्द.समूह है जो प्रेम और मोहब्बत के दायरे या जगह को दर्शाता है जहाँ प्रेम ही सर्वोपरि होता है।

88.

ख़ुदा नहीं इंसाँ_बन जाओ

ख़ुदा नहीं इंसाँ बन जाओ
कभी किसी के कुछ बन जाओ
क्या रखा है हर पल मैं में
कभी तो तुम भी हम बन जाओ

89.

मान लिया कि किरदार मेरा अच्छा नहीं

मान लिया कि किरदार मेरा अच्छा नहीं
बदल जाऊँ... कैसे
इंसाँ हूँ ... कोई वक्त नहीं .
अपनों से अक्सर बाज़ियाँ हार जाता हूँ
जाने क्यों जीतने का हुनर मैने सीखा ही नहीं ...
शाम ढले तो ही चाँद निकलता है ..
चाहे जितना चमक ले सूरज तू उसके काबिल नहीं ..
बात ग़ज़लों की हुई तो शायरों में मेरा नाम न था .
वो कह रहे थे साजन हर शेर में ज़िक्र
तेरा ज़रूरी तो नहीं ।।

90.

कौन कहता है कि तुम अपनी पहचान बदल कर के चलो

कौन कहता है कि तुम अपनी पहचान बदल कर के चलो
राह शायद सही नहीं तुम राह बदल कर के चलो
रंजिशें भी इक रोज़ आज़माई ज़रूर जायेंगी
तुम एक बार ख़ुद पर सवार हो के चलो
हर बार दिखा दोष तुझे दरिया का ही क्यों
दिख रहा सुराख़ तो नाँव बदल कर के चलो
ख़ुशी मोहताज नहीं जो मोहब्बत का कलेवा ओढ़े
कभी किसी गरीब की झोली भर के चलो
आईना फिर तुझे अपने क़रीब बुलाएगा साजन
तुम फिर वही पुरानी क़मीज़ पहन कर के चलो

91.

तुमसे शुरू नहीं तो क्या

तुमसे शुरू नहीं तो क्या
ख़त्म तुमसे ही होगी
मेरे मोहब्बत के पन्नों में
तू अंतिम कविता होगी
गिला शिकवा सब तुम्हीं से
तुमसे ही वादे वफ़ा होगी
मेरे इश्क़ का सफ़र होगा
जिस की तुम हमसफ़र होगी
मुझको वही समझ सकता है
जो दिल के दर्द सही होगी
वरना पागल सब कहते हैं
तू भी कहाँ अलग होगी
अभी महक रहे हैं बनकर फूल
कभी तो कलियाँ भी रही होंगी
और कुछ तो कमी होगी मुझमें ही
वरना क्यों वो बेवफ़ा बनी होगी
वरना क्यों वो बेवफ़ा बनी होगी ।।

मेरे गीत

मुझे तुमसे मोहब्बत हो गई है

— एक कविता संग्रह —

कुछ बाते कहे बिना
ही समझ आ जाती हैं,
तुम्हें देखता हूँ तो
खुशियाँ खुद-ब-खुद
पास आ जाती हैं।
♡

92.

तू चाहिए तेरा प्यार चाहिए

कोई नहीं मुझे यार चाहिए
तू चाहिए तेरा प्यार चाहिए
आँखों में तेरे मेरे ख़्वाब चाहिए
तू चाहिए तेरा प्यार चाहिए
तू चाहिए तेरा प्यार चाहिए
साँसों में मेरे ख़ुशबू है तेरी
ज़ुल्फ़ों को जाना आदत है तेरी
हर पल मुझे तेरा साथ चाहिए
तू चाहिए तेरा प्यार चाहिए
कोई नहीं मुझे यार चाहिए
तू चाहिए तेरा प्यार चाहिए
दिल को तेरे जज़्बात चाहिए
तू चाहिए तेरा प्यार चाहिए
ख़्वाबों में मेरे तू ही तू आये
हर पल मेरा दिल सपने सजाये
हाथों में मेरे तेरा हाथ चाहिए
तू चाहिए तेरा प्यार चाहिए
कोई नहीं मुझे यार चाहिए
तू चाहिए तेरा प्यार चाहिए
आँखों में तेरे मेरे ख़्वाब चाहिए
तू चाहिए तेरा प्यार चाहिए
तू चाहिए तेरा प्यार चाहिए ।।

93.

मैं तुम्हारा था मैं तुम्हारा ही हूँ

मैं तुम्हारा था मैं तुम्हारा ही हूँ
दिल में तेरे जो बसता था शायर ही हूँ
नैनों से हाँ बरस कर गुज़र जो गया
हाँ मैं बादल वो पागल आवारा ही हूँ
मैं तुम्हारा था मैं तुम्हारा ही हूँ

तू मेरा चाँद था मैं था सूरज तेरा
धड़कनों पे मेरी था जो पहरा तेरा
लाख दिल को सम्भाला मगर क्या करें
मैं अब भी बेचारा वो आशिक़ ही हूँ
मैं तुम्हारा था मैं तुम्हारा ही हूँ

कोशिशें तुमने की मैंने भी की मगर
रास आया न हमको था वो सफ़र
दोष तुमको जो दूँ तो है क्या फ़ायदा
हाँ मैं दोषी तुम्हारा तुम्हारा ही हूँ
मैं तुम्हारा था मैं तुम्हारा ही हूँ
दिल में तेरे जो बसता था शायर ही हूँ
नैनों से हाँ बरस कर गुजर जो गया
हाँ मैं बादल वो पागल आवारा ही हूँ

94.

मेरी नज़र से जिस ने भी देखा

मेरी नज़र से जिस ने भी देखा
तुम को दीवाना हुआ
मेरा न पूछो मैं तो ओ जाना
जाने कहाँ खो गया
जब से है देखा तुमको हसीना
जाने कहाँ दिल गया
ख़्वाबों में जगता हूँ अब मुझको देखो
सपनों में सोने लगा
ये दुनिया वाले जाने क्यों मुझको
पागल सब कहने लगे
मेरी मुहब्बत मेरी इबादत
सब मुझसे जलने लगे
मेरी तमन्ना तेरा ही चेहरा
मुझको दिखे अब सदा
ठुकरा दे मुझको
चाहे यह दुनिया
होना ना मुझसे जुदा
बाहों में आ जा
मुझ में समा जा
नया बना दे जहाँ
कहती है धड़कन
हर पल यह दिल की
मिलके रहेंगे सदा
होंगे कभी ना जुदा होंगे कभी ना जुदा होंगे कभी ना जुदा । ।

95.

मुझे तुमसे जो कहना था

मुझे तुमसे जो कहना था
कभी वो कह नहीं पाया
ज़माने में अकेला था
अकेला रह नहीं पाया
मिले जो हमको तुम ऐसे
कि जैसे ज़िंदगी हो तुम
मगर तेरी मोहब्बत का
सहारा मिल नहीं पाया
गये जो मेरी जाना तुम
की हमको ये समझ आया
तुम्हीं मेरी ज़रूरत थी
तुम्हीं मेरी ज़रूरत हो
मगर अब क्या ही होना था
कि हम दोनों ही रुसवा थे
मोहब्बत भी जुदा हमसे
और तुमसे हम ख़फ़ा भी थे
तुम्हारी बेवफ़ाई के
जो क़िस्से हम तक आये थे
हमारी रूह ज़िंदा थी
मगर तब मर चुके थे हम
मगर तब मर चुके थे हम ।।

96.
ए ज़िंदगी ये पता नहीं

ए ज़िंदगी ये पता नहीं
मुझे क्या मिला मुझे क्या नहीं
कभी सोचने जो लगा था मैं
मेरी चाहतों का पता नहीं
ए ज़िंदगी ये पता नहीं
मुझे क्या मिला मुझे क्या नहीं
मुझे याद है वो कहा था जो
मेरी जान तू तू ही जिस्म है
वो जो साथ थे उस मोड़ पर
वो कहाँ गये ये पता नहीं
ए ज़िंदगी ये पता नहीं
मुझे क्या मिला मुझे क्या नहीं
ए ज़िंदगी ये पता नहीं
हुई कोशिशें तुझे पाने की
मैं भी चल दिया उसी चाह पर
ये जो कब्र है तेरी राह में
वहाँ क्यों गया मैं पता नहीं
ए ज़िंदगी ये पता नहीं
मुझे क्या मिला मुझे क्या नहीं
ए ज़िंदगी ये पता नहीं ।।

97.

कृष्ण जी की वाणी काश कभी तो मेरा नाम भी तुझसे पहले आये

गली गली में कहते बच्चे
मैं कान्हा बन जाऊँ
मेरा स्वप्न तो है यह राधे
मैं राधा बन जाऊँ
कभी तो तू भी मेरी ख़ातिर
बंसी मधुर बजाये
तेरी सुंदर मोहक काया
मेरी काया बन जाये
काश कभी तो मेरा नाम भी
तुझसे पहले आये
अगले जन्म में मुझको राधा
तुझको कान्हा बनाये
क्यों कहती दुनिया ये मुझको
मैंने तुझको छोडा
सब पूछे हैं कान्हा तुने
राह क्यों ऐसा मोडा
काश ये दुनिया कभी तो मेरा
दुखड़ा भी दोहराये
इस दुनिया की ख़ातिर तू भी
चक्र सुदर्शन उठाये

काश कभी तो मेरा नाम भी
तुझसे पहले आये
काश कभी तो मेरा नाम भी
तुझसे पहले आये
अगले जन्म में मुझको राधा
तुझको कान्हा बनाये
अगले जन्म में मुझको राधा
तुझको कान्हा बनाये

98.

राधा जी की वाणी मेरे नाम के साथ ये दुनिया तेरा नाम लगाये

मैंने अपनी विरहा को भी
तेरी प्रीत बनाया
तु जो संग नहीं तो क्या
हर पल साथ निभाया
काश कभी तो तेरी बंसी
मेरी वाणी गाये
तुझ बिन कैसे जीवन बीता
तुझको यह बतलाए
मेरे वश में होता जो मैं
हर पल कान्हा बन जाऊँ
तू मुझमें बस जाये कान्हा
मैं तुझमें बस जाऊँ
जन्म मुझे जितने भी मिलते
तेरा साथ ही पाये
मेरे नाम के साथ ये दुनिया
तेरा नाम लगाये
मेरे नाम के साथ ये दुनिया
तेरा नाम लगाये

99.

हुस्न है इश्क़ है और ये मदहोशियाँ

हुस्न है इश्क़ है और ये मदहोशियाँ
दिल मेरा ढूँढे है तेरी बदमाशियाँ
तू कहाँ तू कहाँ तू कहाँ है बता
मेरे दिल का पता मुझको तू ही बता

हुस्न है इश्क़ है और ये मदहोशियाँ
ढूँढे क्यों मुझको तू अब ये तू ही बता
जाऊँगा मैं कहाँ तेरे दिल के सिवा
मैं यहाँ मैं यहाँ तेरे संग हूँ सदा
हुस्न है इश्क़ है और ये मदहोशियाँ

जानेजाँ यूँ मुझे क्यों है तड़पा रहा
मेरी बाहों में आ अब ना मुझको सता
तू मेरी धड़कनों को यूँ ना चुरा
तू कहाँ तू कहाँ तू कहाँ है बता

हुस्न है इश्क़ है और ये मदहोशियाँ
दिल मेरा ढूँढे है तेरी बदमाशियाँ
तू कहाँ तू कहाँ तू कहाँ है बता
मेरे दिल का पता मुझको तू ही बता

100.

जी चाहता है आपका घूँघट उठा दूँ मैं

जी चाहता है आपका घूँघट उठा दूँ मैं
घूँघट उठा के चाँद को शीशा दिखा दूँ मैं
जी चाहता है आपका घूँघट उठा दूँ मैं
रस्मों की ये किताबें मैंने तो न पढ़ी
लेकिन तुम्हारे प्यार को दिल से पढ़ा हूँ मैं
जी चाहता है आपका घूँघट उठा दूँ मैं
कहते हैं लोग काफिर यूँ ही नहीं मुझे
मेरे घर का दिया जला कर तेरे दर पर रखा हूँ मैं
जी चाहता है आपका घूँघट उठा दूँ मैं
तुमसे जो कोई पूछे तो कैसे कहोगे तुम
जो मैंने कहा तो माना कि दिल का बुरा हूँ मैं
जी चाहता है आपका घूँघट उठा दूँ मैं
मेरी ज़िंदगी तो तेरे रहमे करम रही
अब मौत भी तमाशा बनकर गया हूँ मैं
जी चाहता है आपका घूँघट उठा दूँ मैं
घूँघट उठा के चाँद को शीशा दिखा दूँ मैं
जी चाहता है आपका घूँघट उठा दूँ मैं

101.

ख्वाहिशों की राह में

ख्वाहिशों की राह में
चलना था उसके साथ ही।।
वो नहीं आया तो क्या
उसकी मोहब्बत साथ है।।।
रास्तों में थे खड़े
उनकी मोहब्बत के लिए
चल दिये लेकिन सनम
मेरी मोहब्बत के बगैर।।
प्यार माँगा तो न था
प्यार पाया भी न था
रह गया जो दिल ही दिल
बस वो मोहब्बत साथ है
ख्वाहिशों की राह में
चलना था उसके साथ ही।।
वो नही आया तो क्या
उसकी मोहब्बत साथ है।।।

102.

कितना सुकून

कितना सुकून मिला है मुझे
जबसे जुदा हम तुम हुए
न अब कोई वादा
न कोई क़सम
न निभानी है हमें
कोई झूठी रसम
कोई नहीं अब जो मुझसे पूछे
कि कब आओगे
तुम कहाँ पहुँचे
कितना सुकून मिला है मुझे
जबसे जुदा हम तुम हुए
न मंज़िल की फ़िकर
न मोहब्बत का ग़म
चाहे जितनी पियूँ
अब क्या ज़्यादा क्या कम
जब से गई हो तुम मेरी ज़िंदगी से
लगता नहीं अब कोई ज़िंदगी है
आओ कभी अब तुम भी देखो
ज़िंदा हूँ मैं या मरना है मुझको
ज़िंदा हूँ मैं या मरना है मुझको
कितना सुकून मिला है मुझे
जबसे जुदा हम तुम हुए ।।

103.
दिल में दर्दों की बारिश जो होने लगी

दिल में दर्दों की बारिश जो होने लगी
मैं तड़पने लगा तू बहकने लगी
कश्तियों ने सनम राह मोडी न थी
जाने तू ही क्यों रस्ता बदलने लगी
दिल में दर्दों की बारिश जो होने लगी

मुश्किलों में सनम हम सदा संग थे
काँटे चुभते भी थे पाँव जलते भी थे
प्रीत ग़ैरों की हमने तो माँगी न थी
सेज सजने लगे तुम मचलने लगी
दिल में दर्दों की बारिश जो होने लगी

दाँव ऐसा भी क्या जो हमें लुट गया
मैं तो दिल ही नहीं अपनी जाँ से गया
मेरे दिल ने कहा मौत ही अब मेरी
तू जो साजन की बाहों में सजने लगी
दिल में दर्दों की बारिश जो होने लगी

104.

तेरी बाहों का कैदी हूँ

तेरी बाहों का कैदी हूँ
मुझे रिहाई नहीं चाहिए।
क़रीब आजा मेरे हमदम
मुझे जुदाई नहीं चाहिए।
न जाने कौन सी दुनिया में हम चले आए
मोहब्बत की हँसी राहों में हम शायद भटक जाएँ।
मगर फिर भी न चाहूँ मैं कि तुझसे दूर हो जाऊँ
भटक जाऊँ अगर मैं तो मुझे फिर थाम लेना तुम
मुझे फिर थाम लेना तुम।
इन हँसी राहों में बस तेरा ही साथ चाहिए
मेरे इन हाथों में बस तेरा ही हाथ चाहिए।
छुड़ा लेना नहीं तुम कहीं मैं खो नहीं जाऊँ
मेरी बाहों में आ जाओ कहीं मैं मर नहीं जाऊँ।
कहीं मैं मर नहीं जाऊँ। कहीं मैं मर नहीं जाऊँ ।।

105.

मोहब्बत की राहों में बरसों खड़ा था

मोहब्बत की राहों में बरसों खड़ा था
तू अब तक कहाँ था सुकून देने वाले

अभी शुक्रिया भी मैं कह ना सका था
ज़रा देर रुक जा तू ओ जाने वाले

तेरे दो नयन ये जो बरसे नहीं हैं
बरसों की बारिश बयान करने वाले

दिलों की चुभन जो सिसकती रही है
मुझे भी दवा दे जुलम करने वाले

मोहब्बत की राहों में बरसों खड़ा था
तू अब तक कहाँ था सुकून देने वाले

106.

दिल को ये मेरे तेरी तलाश थी

दिल को ये मेरे तेरी तलाश थी
मुझको हाँ तेरी, तेरी तलाश थी
मैं ढूँढता रहा
तुझको जाने कहाँ कहाँ
बुझ न पायी
वो न जाने, ये कैसी
हाँ मेरी ये प्यास थी
अब जो मिलते हो सनम
कुछ लम्हों के लिए
पास रहते हो मेरे होकर
पर मेरे नही
भर लूँ तुझे अपने आगोश में
जी भर कर
फिर भी जाने क्यूँ ये प्यास मेरी
बुझती ही नही
दिल को ये मेरे तेरी तलाश थी
जाने कबसे
मुझको हाँ तेरी, तेरी तलाश थी

107.

तेरी चाहतों का ये कैसा असर है

तेरी चाहतों का ये कैसा असर है
मेरी ज़िंदगी थी जो तेरी नज़र है ।
हमे ज़िंदगी से न ख्वाहिश कोई थी
मगर तुझको देखा जो पाना तुझे है ।।
लगे जख्म दिल पे मेरे हजारों
किसी जख्म का अब न मुझपे असर है ।।
तेरी चाहतों का ये कैसा असर है
मेरी ज़िंदगी थी जो तेरी नज़र है ।।

108.

जा तुझको आज़ाद किया

जा तुझको आज़ाद किया
मैंने अपनी बाहों से
अपनी राहों से
हाँ अपनी यादों से
जा जा
जा तुझको आज़ाद किया
मेरी निगाहों से
मेरे ख़्वाबों से
हाँ जज़्बातों से
जा जा
जा तुझको आज़ाद किया
माना कि याद बहुत आओगी
यादों में मुस्कुराओगी
गीत संग गुनगुनाओगी
कहोगी हाथों में लेके हाथ
हम फिर चलेंगे साथ
लेकिन अब जाके मैं न लौटूँगा
फिर उन्हीं राहों में
न रहूँगा उन ख़्यालों में
न बदलूँगा अपने जज़्बातों में
इसलिए जा अब तू जा
जा तुझको आज़ाद किया
जा तुझको आज़ाद किया ।।

109.

फिर वही बारिश का मौसम

फिर वही बारिश का मौसम
फिर मुझे तुम याद आए
बन के बादल बरस जाओ
काश वो दिन फिर से आए
चेहरे पे तेरी मोतियों सी
पानी की बूँदे छलकती थी
और वो ज़ुल्फ़ों को तेरा
फिर सुखाना याद आए
फिर वही बारिश का मौसम
फिर मुझे तुम याद आए
बन के बादल बरस जाओ
काश वो दिन फिर से आए
वो तेरी साडी का आँचल
लहराता था बादलों सा
वो तेरा भीगा बदन क्यों
फिर मेरा दिल धड़क जाए
फिर वही बारिश का मौसम
फिर मुझे तुम याद आए
बन के बादल बरस जाओ
काश वो दिन फिर से आए ।।

कवि की ओर से

इस कविता संग्रह मुझे तुमसे मोहब्बत हो गई है को अपने हाथों में लेने के लिए आपका दिल से धन्यवाद।

यह सिर्फ़ कुछ शब्दों का संग्रह नहीं बल्कि उन एहसासों की कहानी है जो कभी मुस्कान बनकर चेहरे पर आए तो कभी खामोशी बनकर दिल में उतर गए। इन कविताओं में आपको प्यार की मिठास भी मिलेगी और जुदाई की हल्की सी चुभन भी क्योंकि मोहब्बत कभी अधूरी नहीं होती बस उसके रंग बदलते रहते हैं।

मैं दिल से आभारी हूँ उन सभी पाठकों का जिन्होंने मेरे जज़्बातों को समझने की कोशिश की उन्हें महसूस किया और अपने दिल में जगह दी। आपकी सराहना और प्रेम ही मेरी लेखनी की सबसे बड़ी ताकत है। आशा है कि ये पंक्तियाँ आपके दिल को छू सकीं होंगी और कहीं न कहीं आपको आपकी अपनी कहानी की झलक दिखी होगी।

आपका स्नेह यूँ ही बना रहे यही मेरी सबसे बड़ी खुशी है।

सप्रेम

साजन

Mail ID: sajankikalamse@gmail.com

Mob: 9826303723

कवि के बारे में

कवि “साजन कमलन” का जन्म केरल के त्रिशूर जिले में हुआ। प्रारंभिक जीवन विभिन्न संस्कृतियों और शहरों के अनुभवों से समृद्ध रहा—स्कूली शिक्षा भोपाल और भिलाई में पूर्ण की, जिसने उनके दृष्टिकोण को व्यापक और संवेदनशील बनाया।

उन्होंने ग्वालियर से बी.एससी. एवं एम.ए. की पढ़ाई पूरी की, और आगे की उच्च शिक्षा के लिए मुंबई से एम.बी.ए. किया। विज्ञान, कला और प्रबंधन—इन तीनों क्षेत्रों का यह संगम उनकी लेखनी में गहराई, भावनात्मक संतुलन और जीवन की यथार्थ समझ को दर्शाता है।

कविता उनके लिए केवल शब्दों का संयोजन नहीं, बल्कि भावनाओं का सजीव चित्रण है। उनके इस कविता संग्रह “मुझे तुमसे मोहब्बत हो गई है” में प्रेम की मधुरता, विरह की पीड़ा और रिश्तों की अनकही संवेदनाएँ सहज रूप में अभिव्यक्त हुई हैं।

उनकी रचनाएँ दिल की गहराइयों से निकली सच्ची अनुभूतियों का प्रतिबिंब हैं, जो पाठकों को अपने अनुभवों से जोड़ने की क्षमता रखती हैं।